Un artiste pluridisciplinaire

La Dame à l'hermine

Saint Jean-Baptiste

La Cène, après restauration

La Bataille d'Anghiari de Rubens, d'après Léonard de Vinci

Annonciation

Perspective géométrique de l'*Annonciation*

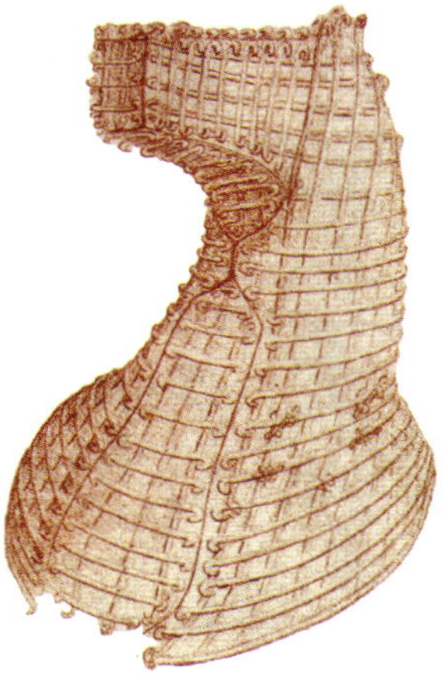

Étude pour une sculpture équestre

La Vierge, l'Enfant Jésus et sainte Anne

Guerrier à tête de lion

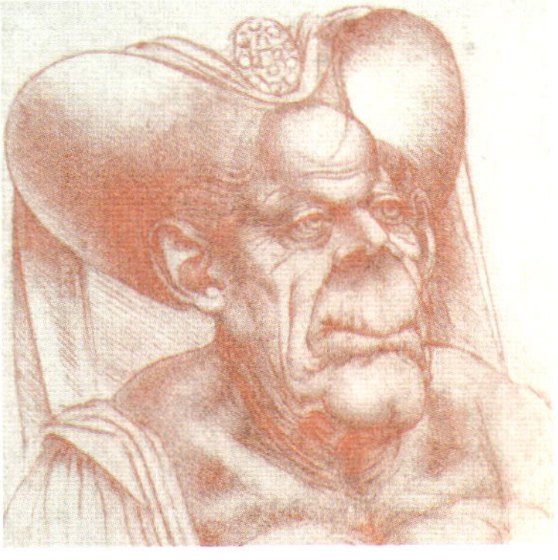

Femme grotesque

La Joconde, portrait de Monna Lisa

Un ingénieur pas si farfelu

Classer les machines et mathématiser la mécanique

Le travail de Léonard sur les machines se caractérise par une volonté de **mise en ordre** des inventions. Aussi, pour être systématique, il réfléchit à ce que sont les machines les plus simples (le levier, le plan incliné, la roue ou l'engrenage…) ou les montages élémentaires (système de bielle et de manivelle, système de cames…). Il cherche aussi à faire des **calculs** d'équilibre de forces pour calibrer les machines. À partir de ce travail, il espère mettre au point une méthode qui, par combinaison, devrait lui permettre d'inventer **tous les engins** possibles. De la même manière systématique, il cherche à assembler tous les savoirs, étudiant l'optique, la géométrie et l'astronomie.

Des prédécesseurs dont il s'est inspiré

Léonard ne part pas du néant : des prédécesseurs l'ont inspiré, ce sont tous ces savants qui en Toscane ont inventé entre le XIVe et le XVe siècle des machines de chantier et de guerre. Léonard **recopie** leurs œuvres dans ses carnets, comme le treuil qui a servi à Brunelleschi à construire la cathédrale de Florence, la scie hydraulique ou le **dragueur** (bateau qui enlève la boue et les graviers des ports) de Di Giorgio et le parachute dessiné par un ingénieur siennois du Moyen Âge. Le génie de Léonard n'est pas toujours dans la création de machines, car souvent d'autres les avaient pensées avant lui, mais bien plus dans sa **méthode scientifique** fondée sur l'observation, l'analyse et la synthèse.

Des machines militaires

Léonard écrit en 1482 au duc de Milan pour obtenir un poste, se présentant avant tout comme **ingénieur militaire**. Ses machines de guerre sont à la fois des **armes du passé** comme son arbalète géante (qui aurait atteint 26 m de long), son char à faux (inspiré de la vie d'Alexandre le Grand), ses échelles de siège, ses ponts ou ses catapultes, mais aussi des **armes modernes** comme le char d'assaut (dont certains modèles furent utilisés à l'époque), les mortiers à boulets explosifs, les canons réglables ou à tubes multiples ou encore à vapeur. En étudiant la fonderie et la balistique, Léonard apporte sa contribution à la révolution militaire de la Renaissance.

Le rêve de voler

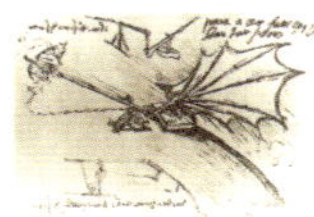

Cherchant à découvrir le secret du vol, Léonard observe celui des oiseaux et les effets de la **résistance de l'air** sur ce dernier. Il étudie ensuite les capacités du corps humain à battre l'air avec des ailes de toile et imagine des **artifices mécaniques** pour compenser la faiblesse de nos muscles. Il envisage plusieurs solutions : l'hélicoptère (une vis qui s'enfonce dans l'air), la sphère entoilée volante, des modèles inspirés de l'anatomie de la chauve-souris (avec position verticale ou horizontale pour l'aéronaute) et enfin le parachute et le planeur. De toutes ces inventions, seules les deux dernières eurent quelque chance de soulever un corps humain. On ignore si Léonard parvint jamais à ses fins.

Le rêve d'explorer les fonds marins

Léonard partage avec certains de ses contemporains comme Alberti le rêve d'explorer les fonds marins à des fins militaires ou archéologiques. Il reprend des Perses et des Babyloniens la vieille idée de l'outre gonflée d'air pour aller sous l'eau, mais invente aussi des palmes, un **tuba**, des gants et même un scaphandre alimenté en air par une pompe. Il dessine également des **skis nautiques** et des bateaux à aubes.

Des machines pour les artisans

Nombre de ses inventions ont réellement servi aux artisans d'Italie. Les machines pour entailler les limes, la presse à monnaie, les scies hydrauliques pour tailler les pierres ou le bois, les machines textiles pour tisser la laine ont participé à l'**accroissement de la richesse** des villes italiennes. Mais ici encore, Léonard n'était pas le seul inventeur de son temps. Au Moyen Âge, des moulins à soie de plusieurs mètres de haut existaient déjà.

Des machines de chantier

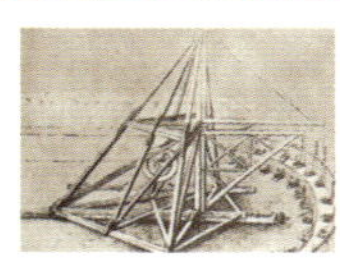

À la Renaissance, les villes de la péninsule italienne connaissent un **renouveau architectural** et de grands chantiers sont entrepris pour élever d'immenses édifices ou créer des places publiques. L'aménagement du territoire implique aussi de **creuser des canaux**. Léonard imagine alors des engins de chantier comme une machine servant à planter des pieux de fondation ou la grande excavatrice.

Un ingénieur pas si farfelu

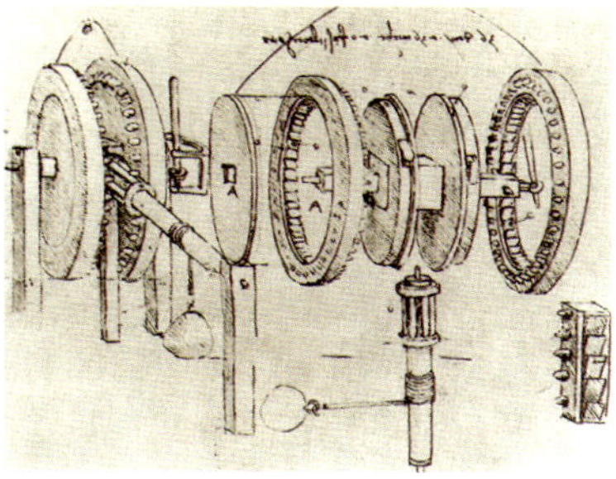

Étude du mouvement alternatif : machine à engrenage

Reconstitution de la machine à engrenage

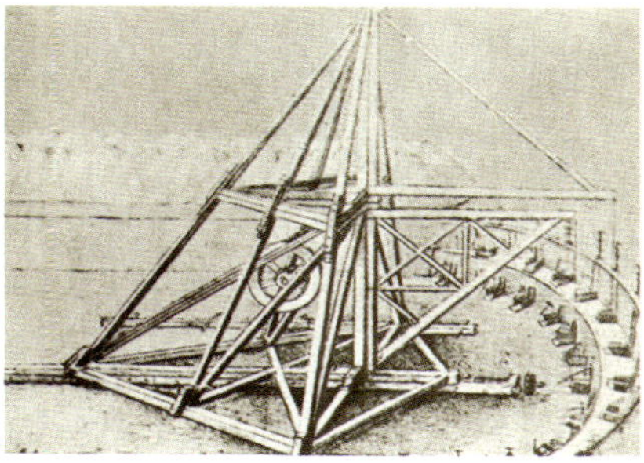

La grande excavatrice

Scaphandre

Bouée

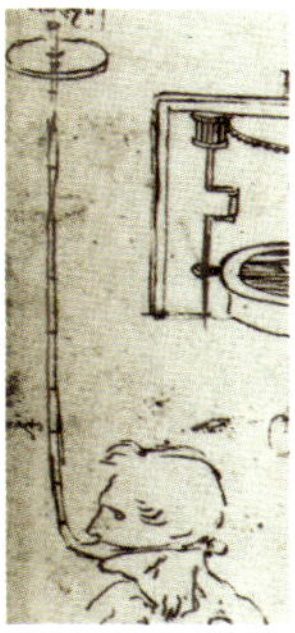

Tuba

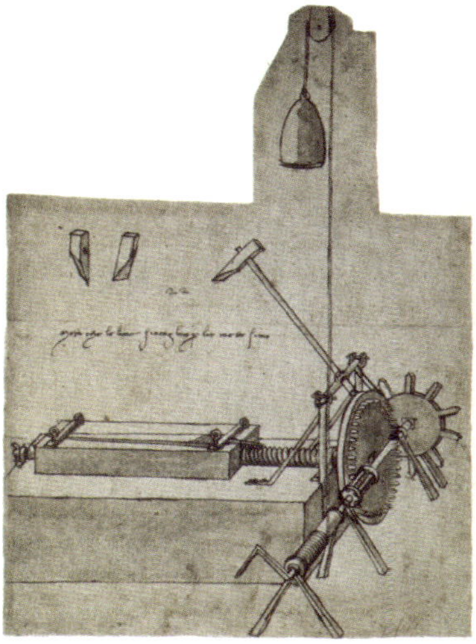

Machine pour entailler les limes

Dragueur à aubes de Léonard

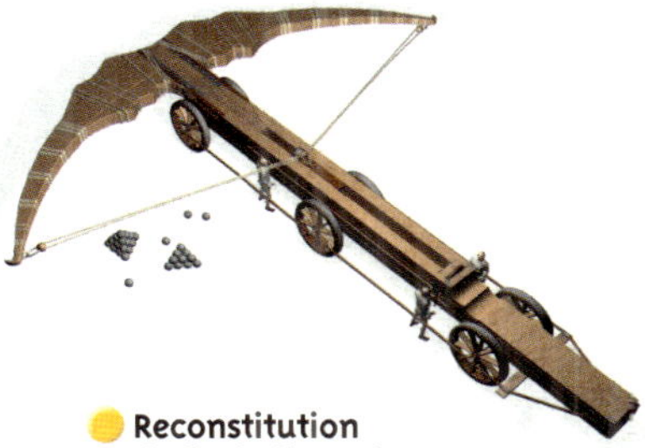

Reconstitution de l'arbalète géante

Reconstitution de l'« hélicoptère »

Reconstitution du char d'assaut

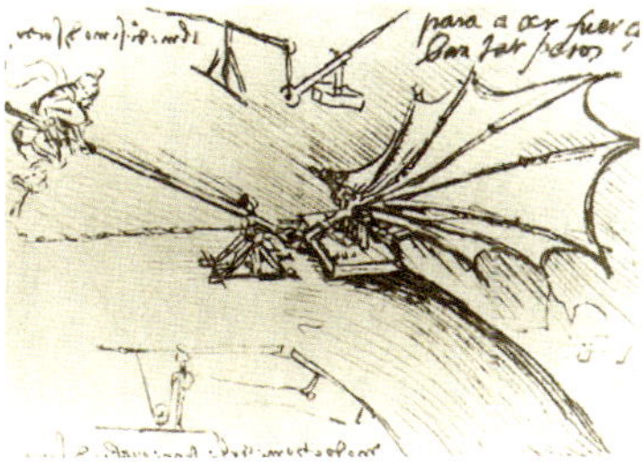

Aile battante pour étudier la flottabilité de l'air

Reconstitution d'une machine volante

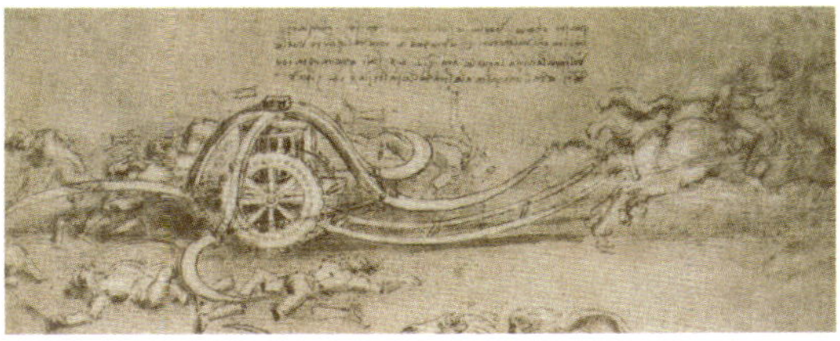

Char à faux

Vie et œuvres de Léonard de Vinci

1452	15 avril : naissance à Vinci du fils de Ser Piero, notaire, et de Caterina	VINCI
1464	Arrive à Florence avec son père	FLORENCE
1465		
1466	Élève à l'atelier de Verrocchio	
1467		
1468		
1469		
1470		
1471		
1472	Membre de la corporation des peintres de Florence	
1473	L'*Annonciation*	
1474		
1475	Travaille pour Verrocchio et les Médicis	
1476		
1477		
1478	Premiers dessins de machines de guerre	
1479	*Portrait de Ginevra di Benci, Saint Jérôme* et l'*Adoration des Mages*	
1480		
1481		
1482	Entre au service de Ludovic Sforza, crée son propre atelier	MILAN
1483	*La Vierge aux rochers*	
1484		
1485	Cour des Sforza, projet de ville idéale	
1486		
1487	*La Dame à l'hermine*, caricatures	
1488	Cathédrale de Pavie, travaux sur l'artillerie	
1489	Projet de statue équestre	
1490	Théorie des machines, études sur l'anatomie, l'architecture	
1491		
1492		
1493		
1494	*La Vierge aux rochers*	
1495	Études mathématiques, recherches sur le vol mécanique	
1496	*La Cène* de Santa Maria delle Grazie	
1497		
1498	Prise de Milan par les Français, chute de Ludovic Sforza	
1499	Léonard s'enfuit	
1500		PÉRIODE DE MOBILITÉ
1501	*La Vierge, l'Enfant Jésus et sainte Anne*	
1502	Nommé ingénieur militaire au service de César Borgia	
1503	*La Bataille d'Anghiari, La Joconde* et *Léda*. Étude du vol des oiseaux et architecture militaire	FLORENCE
1504		
1505		
1506	Au service de Charles d'Amboise et Louis XII, études d'optique, de physique et de mécanique	MILAN
1507		
1508		
1509		
1510		
1511		
1512		
1513	Accueilli à Rome par le pape Léon X, il peint le *Saint Jean-Baptiste*	ROME
1514	Son nouveau mécène, Julien de Médicis, lui aménage un atelier	
1515		
1516	Mort de Julien de Médicis ; il est alors invité par François Ier au Clos-Lucé	
1517	Romorantin et les canaux, l'escalier de Chambord et les fêtes de cour	AMBOISE
1518		
1519	2 mai : décès à Amboise, au manoir du Clos-Lucé	

La Joconde, une œuvre surprenante

Sa célébrité vient de son originalité : le non-respect des conventions (une jeune femme mariée habillée en courtisane), le premier tableau représentant un sourire, le paysage dévasté de l'arrière-plan symbolisant le temps qui passe. Le vol de la toile au Louvre en 1911 par un Italien patriote, renchérit encore sa valeur aux yeux des Français. Depuis avril 2005, une nouvelle salle accueille la toile, mieux exposée et protégée, et ses 5 millions de visiteurs annuels venant l'admirer.

L'artiste dans son atelier

Certains traits de la personnalité de Léonard de Vinci font partie de sa légende, certains insistent sur sa grande prestance et sa force, d'autres sur le fait qu'ambidextre, il ait été capable d'écrire ses textes en écriture miroir, d'autres sur son talent de peintre qui déprima, dit-on, son maître d'atelier Verrocchio. Le parcours qui fit de ce fils illégitime un gentilhomme ami de François Ier est tout aussi extraordinaire que son génie.

Vol du tableau

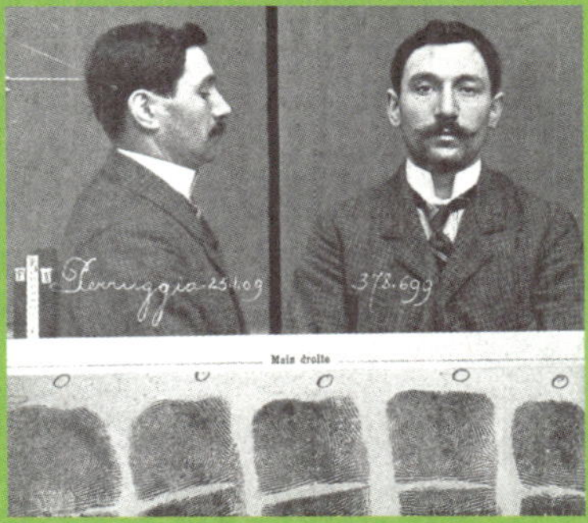

Arrestation du voleur

La salle des États au Louvre

Urbanisme et effets spéciaux

La ville idéale

Maquette de la forteresse de montagne

Maquette d'un bastion triangulaire

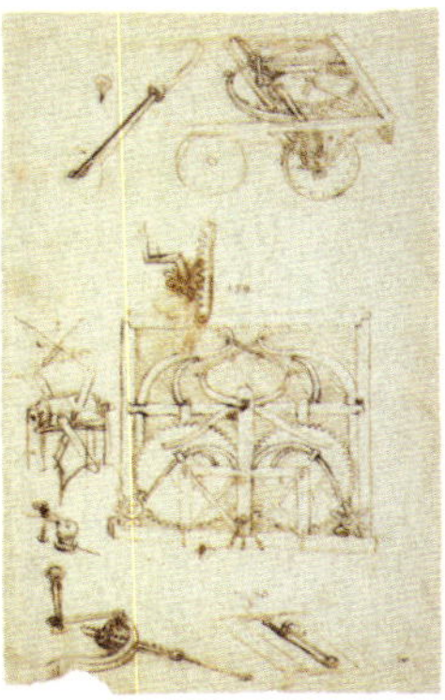

Automobile programmable

Reconstitution de l'automobile programmable

Reconstitution d'une écluse de la ville idéale

Reconstitution de l'armure-robot

Escalier du château de Chambord

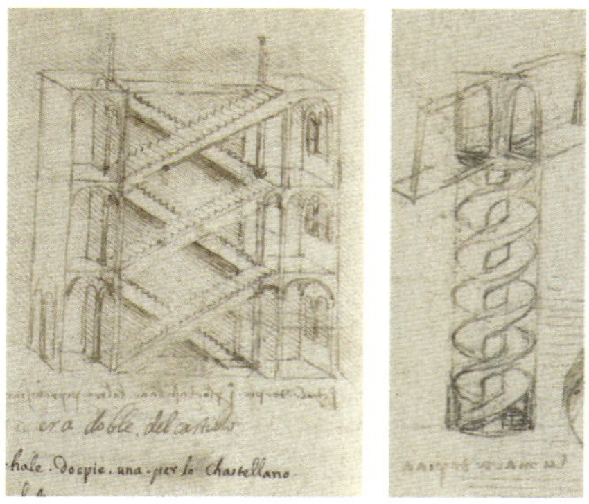

Escalier de Chambord

Reconstitution du piano-viole

Reconstitution du tambour automatique

Urbanisme et effets spéciaux

La ville idéale

À plusieurs reprises au cours de sa vie, Léonard imagine les plans d'une ville idéale. À Milan, il conçoit pour Ludovic le More une cité sur plusieurs étages faite de colonnades, de routes et de canaux. Tout y est pensé en termes de **contrôle des flux** : flux d'hommes et de véhicules, de marchandises et de déchets. La ville reflète la vision très **hiérarchisée** de la société de l'époque puisque les hommes du commun (le peuple) et les courtisans ne devaient pas se croiser. Plus tard, François Ier demanda à son protégé de faire de Romorantin la capitale de la France avec un palais, des écuries et un réseau de chemins carrossables et de canaux.

L'art de la fortification

En bon ingénieur militaire, Léonard se passionne pour l'art de la fortification à un moment où l'arrivée de l'artillerie oblige à trouver des parades architecturales aux boulets. Ses dessins montrent deux générations d'édifices : ceux qui, comme la **forteresse de montagne**, se contentent d'élargir les murs, surtout à leur base, et de creuser des fossés et ceux qui optent définitivement pour la fortification de terre bastionnée à forme géométrique. Il développe aussi toute une série de techniques de siège : **échelles** de corde ou mécaniques, **ponts** automatiques pour passer les fossés, etc. Il servit à la guerre comme ingénieur sous les ordres de César Borgia.

Canaux, écluses et moulins

Il faut assainir les terres. Léonard se penche donc sur une question très importante à la Renaissance : le **transport fluvial**, transport le plus sûr et le plus confortable de l'époque. Il invente de nombreux **dispositifs innovants**, comme les écluses à portes en V et les ponts-canaux, et travaille à l'élaboration de moulins et à l'amélioration de leurs roues ou de leurs turbines. L'eau est l'énergie principale pour l'industrie d'alors.

L'escalier de Chambord

Léonard, **fatigué**, ne se sent plus apprécié en Italie où règnent Michel-Ange et Raphaël. Il part vivre à **Amboise**, invité par François Ier, et devient son conseiller technique. Cet escalier à double révolution (permettant aux courtisans qui montent et qui descendent de ne pas se croiser) a sans doute été inspiré par ses dessins. Le roi mélange dans son palais le style gothique des châteaux médiévaux à des innovations italianisantes.

Une armure-robot

Certains **dessins mystérieux** de Léonard renvoient en fait à un système mécanique permettant d'animer de l'intérieur une armure qui pouvait s'asseoir, se lever, tourner et agiter les bras. Un tel dispositif devait émerveiller la cour, qui s'amusait des **automates** de l'ingénieur lors de fêtes splendides. Léonard est donc en quelque sorte le grand-père du robot.

Une automobile programmable

L'automobile reconstituée par le musée d'Histoire des sciences de Florence devait fonctionner grâce à deux énormes **ressorts** cachés dans des boîtes. Ces ressorts animaient les roues par un système d'engrenages et donnaient à la voiture par un système de cames (un codage mécanique du mouvement) des ordres spécifiques de changements de **direction**, prévus à l'avance par l'ingénieur. Francesco di Giorgio avait bien imaginé avant Léonard une automobile, mais il fallait actionner des manivelles pour qu'elle avance. Léonard est le premier à avoir inventé un **moteur**, même si la voiture ne pouvait certainement pas faire plus de quelques mètres.

Des machines pour la cour

Léonard devient le grand animateur de la cour. Pour la divertir, il met en scène des spectacles **féeriques** et construit des machines de théâtre. Il dessine des costumes de scènes fantastiques pour les parades, les fêtes et les tournois et invente des **jeux de société** (rébus, devinettes...). Il joue aussi de divers instruments de **musique**. À Amboise, deux réalisations furent particulièrement impressionnantes : un lion automate qui s'ouvrait en crachant des fleurs de lys à l'approche du roi et une voûte étoilée artificielle peinte sur une toile bleue permettant de simuler le jour au milieu de la nuit par des milliers de candélabres s'allumant en même temps.

Observation de la nature

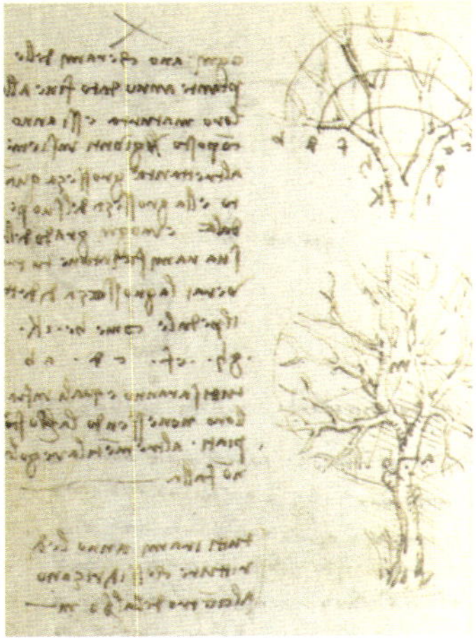
Subdivision des branches

Carte de la ville d'Imola

Paysage de *La Joconde*

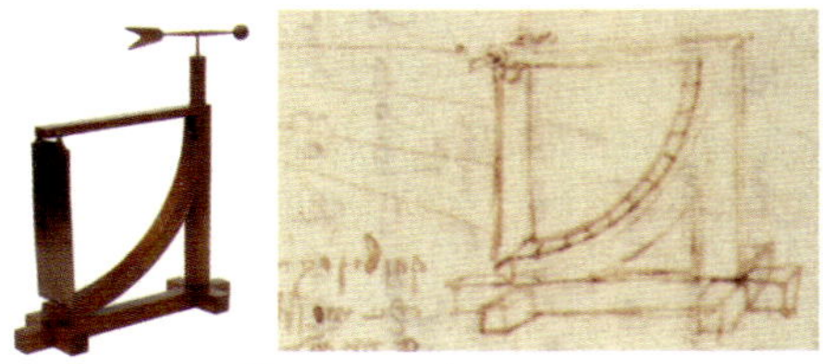
Anémomètre

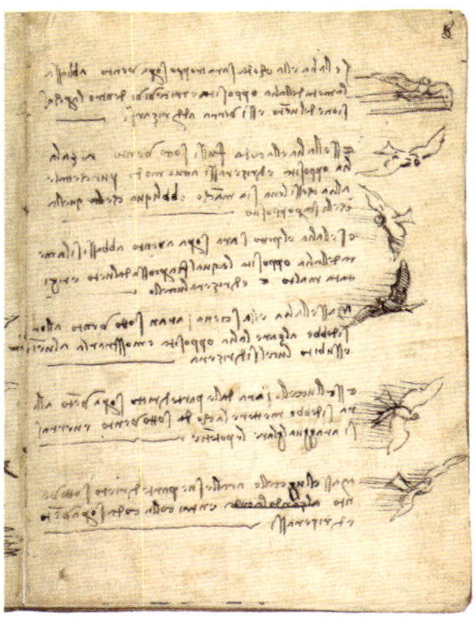
Observation du vol des oiseaux

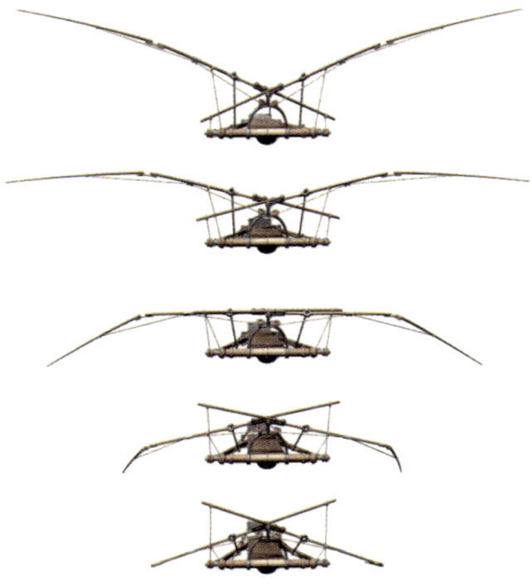
Séquence d'aile en vol

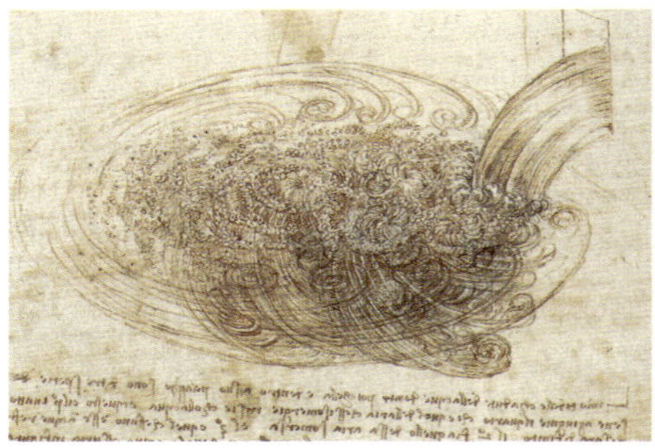
Percussion de l'eau contre l'eau

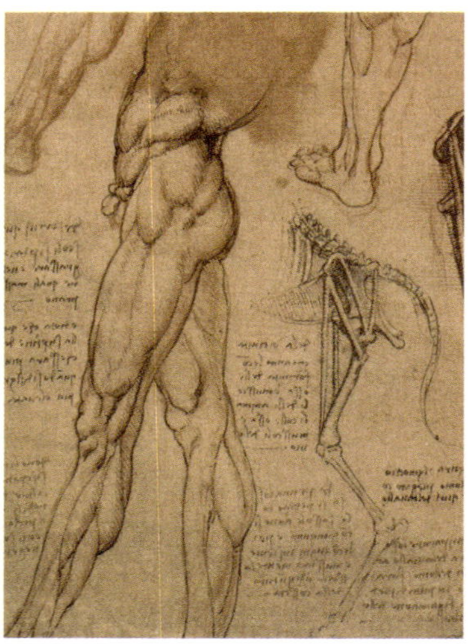
Comparaison de l'anatomie de l'homme et du cheval

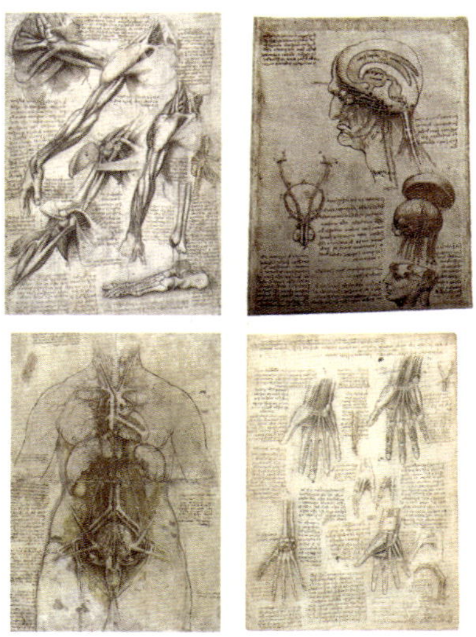
Études anatomiques

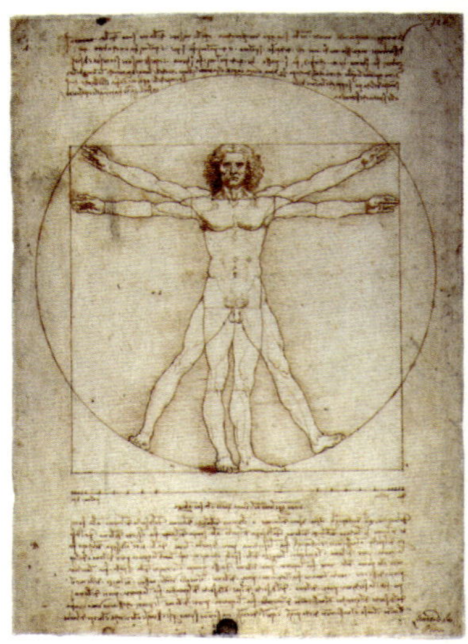
L'Homme de Vitruve